# KRÉTA
# MÜKÉNÉ
# TRÓJA

PANYIK ISTVÁN–SELLEI SAROLTA

# KRÉTA MÜKÉNÉ TRÓJA

KÉPZŐMŰVÉSZETI ALAP KIADÓVÁLLALATA

SZABÓ MIKLÓS tanulmányával és képmagyarázataival

A kötetet KATONA LÁSZLÓ tervezte

A borítón Mükéné várfalának részlete



ISBN 963 336 160 5

*Egy törzsből származnak az istenek és a halandók.*
*Emberi nemzetséget először fényes aranyból*
*készítettek az istenek, ők, az Olümposzon élők.*
*Akkor még mindenki fölött Kronosz égi király volt,*
*s könnyű szívvel, akárcsak az istenek, élt a halandó,*
*távol a bajtól, távol a jajtól, még az öregség*
*sem járt köztük, mindvégig duzzadt az erőtől*
*karjuk s lábuk, a kórság még nem törte meg őket;*
*mint lágy álom jött a halál rájuk, s amíg éltek,*
*csak jóban volt részük; a föld meghozta magától*
*bő termését és dolgozni merő gyönyörűség*
*volt, sok jó közepette, a dús legelőn legelészett*
*nyájuk, s kedvelték az olümposzi boldogok őket.*
*Majd aztán, hogy a föld befogadta magába e fajtát,*
*jótét lelkek lettek, a nagy Zeusz rendeletére,*
*földönjáró hű őrzői az emberi nemnek,*
*minden gaztettet meglátnak, s őrzik a törvényt,*
*míg magukat köd leplezi, úgy járják be a földet,*
*gazdaság-gyarapítók, mert az övék ez a rang is.*
*Másodikul sokkal satnyább rend jött, az ezüstnép,*
*úgy rendelték ezt el, akik lakják az Olümposzt,*
*testben-lélekben nem volt az aranyra hasonló.*
*Száz évig nevelődött hű anya oldala mellett*
*otthon a gyermek, balgatagon játszódva egész nap,*
*ámde amint felserdültek, s átléptek a mezsgyén,*
*már alig éltek arasznyi időt, azt is tele bajjal,*
*dőrén, mert egymás gőgjét nem tudta kivédni*
*egy sem, s már nem tisztelték a nagy isteneket sem,*

*s istenek oltárára se hozták áldozatuk már,*
*úgy, ahogy embertől a szokás törvénye kívánja.*
*Zeusz Kronidész haragos szívvel rejtette el őket,*
*merthogy a boldog olümposzi isteneket nem imádták.*
*Majd aztán, hogy a föld befogadta magába e fajt is,*
*föld-mélyén-lakozó boldognak hívja az ember,*
*s csak másodsorban, de azért még tisztelik őket.*

*Zeusz atya akkor harmadikul más rendet, a rézkort:*
*új embert formált, az ezüstkorhoz se hasonlót,*
*kőrisfából, durva, kemény fajt, melynek Arész kell,*
*gőgje alatt jajszó támad, nem is él gabonával,*
*lelke szilárd és meg nem hajlik, mint a rideg vas,*
*izmában szörnyű hatalom van, nagy keze vállból*
*nő ki hatalmas tagjaihoz, s közeledni sem enged.*
*Rézből voltak a fegyvereik, rézből a lakásuk,*
*rézszerszámmal dolgoztak, nem járta a vas még.*
*Egymással harcoltak s egymást gyűrte le karjuk,*
*így érték el a hűs Hádész tágas palotáját,*
*névtelenül: feketén, bár rettentő erejük volt,*
*értük jött a halál, s el kellett hagyni a napfényt.*

*Majd aztán, hogy a föld befogadta magába e fajt is,*
*más embert állított Zeusz ismét a világba,*
*jobb s igazabb volt, mint az előbbi, ez új, negyedik rend,*
*isteni hősök rendje, nevük félisten a földön,*
*föld végnélküli térein ők jártak mielőttünk.*
*Emberölő csata, irtó harc pusztítja ki őket,*
*részben a hétkapujú Thébaiban, a kadmoszi földön,*
*míg a Dagadtlábú dús nyájaiért tusakodnak,*

*másokat elcsalt messzire, tengeren át a hajókkal*
*szépfürtű Helenáért Trója alatt tusakodni.*
*Ott a halál végzése homályba takarta be őket,*
*ám egy részét Zeusz Kronidész, ki az emberi sorsot*
*két mértékkel méri, a föld peremére helyezte.*
*Ott laknak, s lelkükhöz nem fér gond s szomorúság,*
*mély örvényű Okeanosz boldog szigetében,*
*áldott hősök, akiknek mézédes gabonát ád,*
*s esztendőnként háromszor virul újra a szántó,*
*távol az isteni székhelytől s Kronosz ott a királyuk.*
*Mert a bilincsektől őt Zeusz atya megszabadítva,*
*száműzvén tisztelte, királlyá téve felettük.*
*Aztán létrehoz ismét egy más emberi fajtát,*
*sok népet tápláló földön most ezek élnek.*
*Csak ne születtem volna e most élő ötödik rend*
*embereként, meghalni előbb, vagy a messze jövőben*
*élni szeretnék, mert melyben mi vagyunk, ez a vaskor.*

Hésziodosz: MUNKÁK ÉS NAPOK 108–176.

TRENCSÉNYI-WALDAPFEL IMRE fordítása

# KRÉTA

◁ 1. Tengerpart (Dél-Kréta)

2–3. Ajia Galini, kis nyaralóhely és halászfalu Kréta déli partján

4–5. Nyaralók Kréta északi partvidékén

6. Szélkerék Mallia közelében

7. Egy évszázados olajfa törzse ▷

8. Táj a knósszoszi palota környékén, a távolban Iraklion
9. Az Ajia Triada-i nádfurulya-készítő ▷

10. Krétai szüret

11. Faragott fakanál, krétai népművész munkája ▷

12. Velencei erődítmény Iraklion kikötőjében
13–14. A kritszai Panajia Kéra-templom ▷

15. Ablakkeret a kritszai templomon
16. A kritszai templom harangtornya ▷
17. A kritszai templom oromfala ▷▷

◁ 18. Utca Kritszában
19. A kritszai templom homlokzata a bejárattal
20. Tengeri széltől meggyötört fák ▷

21. A ciprusok alatt
22. Kréta északi partja ▷

23. A „borszínű" tenger
24. Krétai halászok ▷

25. Ajia Galini
26. Szeptemberben Krétán ▷
27. Freskó a kritszai templomban ▷▷

◁ 28. A knósszoszi palota helyreállított helyiségei a keleti szárnyon

29. Az ún. déli ház a knósszoszi palota közelében

30. Tárolóedények a palota déli bejáratának közelében ▷

31. A knósszoszi palota északi bejárata ▷▷

◁◁ 32. Freskórészlet a knósszoszi palotában
◁ 33. Az északi bejárat helyreállított oszlopcsarnoka
34. A knósszoszi palota trónterménék előszobája
35. Bikát ábrázoló festett stukkórelief az északi bejáratnál levő oszlopcsarnokban ▷

36. A „Tavasz-freskó" Thérából

37. Helyreállított oszlopok a knósszoszi palota keleti szárnyában

38. Szuszék formájú festett agyagszarkofág Krétáról

39. A bikaugrást ábrázoló knósszoszi freskó

40. A knósszoszi palota trónterme

41. A knósszoszi palota látképe

42–43. Modern nyaraló kapuja Krétán

◁ 44. A knósszoszi palota északi szárnya

45. A knósszoszi palotát díszítő stilizált bikaszarv

46. Az ún. déli ház Knósszoszban ▷

47. A knósszoszi palota délnyugati része
48. A knósszoszi palota északi bejárata ▷
49. Turisták Knósszoszban ▷▷

◁ 50. Tárolóedény az északi bejárat közelében

51–52–53. A knósszoszi palota keleti szárnyának rekonstruált főlépcsőháza

54. Egy építőkő a knósszoszi palotában
55. Kilátás dél felé a knósszoszi palotából ▷

56. A palota nyugati szárnyának rekonstruált része
57. Az emeleti szint a keleti szárnyon ▷

58. Váza részlete Knósszoszból kettősbárd ábrázolással
59. Stilizált bikaszarv a palota déli részén
60. Bikafej alakú edény
61. Bronz kettősbárdok

62. A knósszoszi palota trónterménak előszobája

◁ 63. Lépcsős színháztér a knósszoszi palota északnyugati sarkánál
64. A palota keleti szárnyának főlépcsőháza
65. Raktárhelyiség pithoszokkal a palota nyugati szárnyában ▷

66–67–68–69. Részletek a knósszoszi palotából: terrakotta fürdőkád, csatorna, vízvezeték, vízöblítéses illemhely
70. Épületmaradványok a palotákat megelőző időszakból Knósszoszban ▷

◁ 71. Napfelkelte Knósszoszban
72. Falrészlet a palotából

73. A phaisztoszi palota, háttérben a Messzara-síkság
74. A régi palota feltárt maradványai Phaisztoszban ▷

75–76. A phaisztoszi korong két oldala

◁ 77. Az Ajia Triada-i királyi villa, háttérben a Psziloriti és az Ida hegyvonulata
78. Bikaugró akrobata elefántcsont szobra a knósszoszi palotából

79–80. Gurnia romjai

81–82. Gurniai városrészletek

83–84. A palota részletei Gurniában

85. Festett agyagszarkofág szárnyas griff és kettősbárd ábrázolással ▷

86. Festett stukkórelief Knósszoszból

87. Áldozati ajándékok Ajia Triadából: bronz bikaszobrok ▷

◁ 88. Bikafej alakú ivóedény a knósszoszi „kis palotából”
89–90. Kígyós „istennők” a knósszoszi palota szentélyéből

91. Új kőkori agyagidol Knósszoszból
92. Knósszoszi festett váza részlete ▷

93. Kultikus rendeltetésű festett váza
94. Palotastílusú amfora Knósszoszból ▷
95. Kettősbárdok (labrüszok) egy knósszoszi vázán ▷▷

# MÜKÉNÉ

96–97–98. Argoliszi táj

◁ 99. A mükénéi fellegvár látképe
100–101. Kilátás a fellegvárból

◁ 102. Az északi védőfal Mükénében
103. Küklópikus falrészlet Mükénében

104–105. Küklópikus falrészletek Mükénében

106. A föld alatti forráshoz vezető lejárat ▷▷

◁ 107. Hajnali napsugár a fellegváron
108. A várhegy alkonyatkor
109. Lakóépületek és a palota terasza ▷

110–111. A várhegy az argoliszi hegyek között

112–113–114. Alkony a küklopsz falak között ▷

115. Festett amfora stilizált növényi motívumokkal
116. Az Oroszlán-kapu ▷

117. Az A sírkerületet határoló kőkerítés maradványai Mükénében

118. Napnyugta Mükénében ▷

119. Dísztőrök egy mükénéi aknasírból

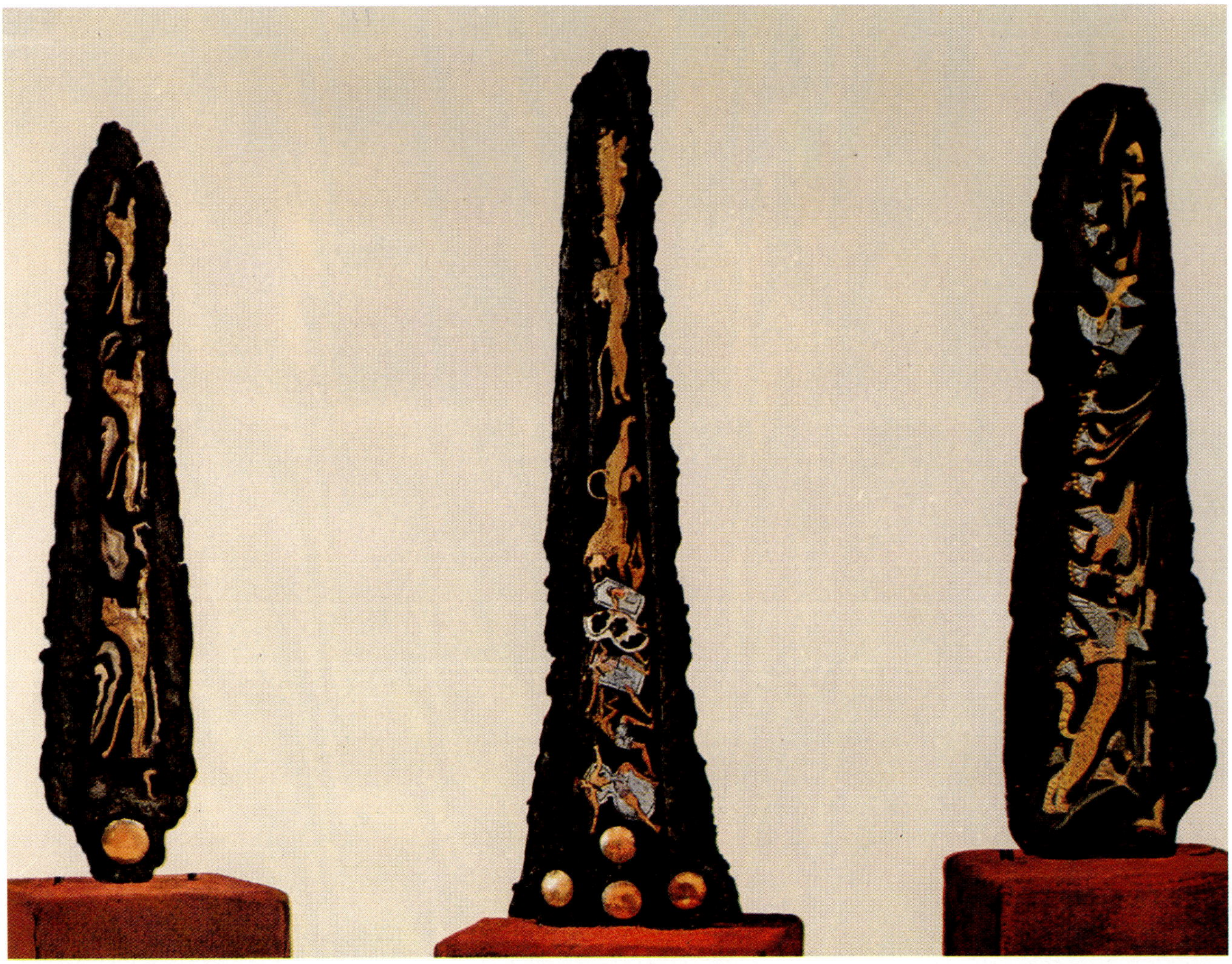

120. Festett stukkó női fej

121. Mükéné egyik fejedelmének arany halotti maszkja, az ún. Agamemnón-maszk
122. Sziklák a várfal alatt ▷

123. A fellegvár vészkijárata Mükénében
124. Az Oroszlán-kapunál ▷

◁ 125. Kilátás a várkapuból
126. Az Oroszlán-kapu domborműve

127–128–129. A Schliemann által felfedezett temetkezőhely ▷

130. Az A sírkerület részlete az aknasírokkal
131. A várhegy északi oldala ▷

132–133. A vár északi bejárata

134. A „harcos-váza" Mükénéből
135. Lejárat a vár föld alatti forrásához
136–137. Az ún. Klütaimnésztra sír Mükénében
138. Küklópikus kövek ▷

139. Rozettás bikafej Mükénéből

140–141. Álboltozatos folyosó Tirünszben ▷

# TRÓJA

142. Trója, ásatási terület

143. A Schliemann és Dörpfeld által meghagyott „tanúfal" Trója második városának maradványai mellett

144. Trója második városa: feljáró a délnyugati kapuhoz ▷

145. Domb Trójában ▷ ▷

146. Trója hatodik városának déli kapuja
147. A VI. város keleti kapujához vezető út ▷

148–149. Trója VI: a „pillér-ház” és az erődítmény részlete

150. Hellénisztikus áldozóhely
151. Római kori városfal ▷

152. Bizánci épületelem Trójában

153. A római kori Trója tanácsházának (buleutérion) maradványa ▷

◁ 154. Trója római kori színháza

155. Kora bronzkori agyagedény Trójából

156. Tárolóedény (pithosz) töredéke Trójából
157. Leletek a kora bronzkori Trójából ▷

158. Bronzfegyverek maradványai

159. Trója II legjellegzetesebb edényformája ▷

160. Bronzsarló Trója VI. városából
161. Kora bronzkori kancsó Trójából ▷

162. Edénytöredék Trója III-ból

163. A Dardanellák ▷

# KRÉTA
# MÜKÉNÉ
# TRÓJA

Hésziodosz, a vaskori állapotokon kesergő boiótiai költő, a görög történeti emlékezet legmélyebb rétegét megszólaltatva rézfegyvereket, rézszerszámokat használó elődökről szól Munkák és napok című költeményében. Számon tartja továbbá az isteni hősöknek a vigasztalan jelent közvetlenül megelőző korát is, idézve emberölő csatáikat a „hétkapujú Thébaiban" s Trója alatt a „szépfürtű Helenáért". Kortársa, Homérosz Iliászában a trójai háború egyik epizódját énekli meg.

A görög klasszikus kor káprázatos szellemi teljesítményei sem halványították el a héroikus múlt kiemelkedő alakjainak, eseményeinek emlékét. Legnagyobb történetírói – Hérodotosz vagy Thuküdidész – számára a knósszoszi Minósz király létezése és uralma az Égei-tenger fölött szilárd történeti tény volt.

Néhány évszázaddal később, amikor Hellasz földje a római császárkori „idegenforgalom" egyik fő célpontja lett, a látogatók használatára szánt útikönyvek sem feledkeztek meg a mítoszokba burkolt görög hőskor látnivalóiról, mint pl. Atreusz kincsesházáról vagy Agamemnón sírjáról Mükénében.

Az ókori világ bukását követő „sötét" évszázadok után a görög föld emlékei iránti figyelem lassú ébredezését jelzik az utazók leírásai. Ez az érdeklődés eleinte olvasmányélményekre támaszkodott: ezek alapján kereste egy 17. századi angol világjáró a Daidalosz építette Labürinthoszt, s vélte felfedezni a krétai Gortün város ókori kőbányáiban.

A görög föld őstörténetének mai szemmel nézve is komolynak nevezhető kutatása alig több mint egy évszázados múltra tekint vissza: 1866-ban Théra szigetén a vulkáni hamu alól bronzkori településmaradványok kerültek elő; ezekről dokumentáció, majd pedig Mamet tollából latin nyelvű értekezés készült. Paradox módon csak száz évvel később bizonyosodott be, hogy a véletlen az egyik legszenzációsabb régészeti lelőhelyre terelte vagyis inkább terelhette volna a figyelmet. Akkoriban ugyanis Heinrich Schliemann nagyszabású felfedezései mellett nem figyeltek fel a vulkanikus sziget leleteire. Schliemann, ez a mecklenburgi lelkészcsaládból származó sikeres kereskedő vagyonát gyermekkori álmainak megvalósítására áldozta: bibliaként forgatva Homéroszt nekivágott, hogy kiássa a görög hőskor híres központjait. Az autodidakta régész önéletrajzának nem kis mértékben fiktív mozzanatain generációk ámultak és lelkesedtek. A hangsúly azonban nem ezeken, hanem Trója és a mükénéi királysírok felfedezésén, a tirünszi, orkhomenoszi ásatásokon van, még akkor is, ha Schliemann tudományos értelmezéseit – egy-egy híres lelet ma is használt elnevezése (Priamosz-kincs, Agamemnón-maszk) ezekre megy vissza – már régóta nem hiszik el a szakemberek. Ennek a megszállott kutatónak Knósszosz feltárására is lehetősége lett volna, csupán a lelőhely vételára körüli alkudozások eredménytelenségén bukott meg a vállalkozás.

A Schliemann jegyében eltelt két évtized az Égei-térség bronzkorának kutatásában alapvető jelentőségű volt. Az ő nagy felfedezéseinek árnyékában kibontakozó görög, német és angol kutatások, amelyeket többek között Tszuntasz, Dörpfeld és Mackenzie neve fémjelez, nem egyszerűen függelékei vagy folytatásai voltak a Schliemann-féle programnak, hanem az első tudományos ásatások a korszak történetének, időrendjének tisztázására. (A Mélosz szigetén, Filakopiban akkoriban kiásott település például máig is alapja a Kikládok bronzkorára vonatkozó ismereteinknek.)

Az igazi tudományos áttörést a krétai kutatások hozták meg. Arthur Evans ásatásai 1900-ban indultak meg Knósszoszban, s az eredmények már az első ásatási kampányok után minden várakozást felülmúltak. Fényűző és kifinomult kultúra emlékei bukkantak ki a földből, olyan dokumentumok, amelyek bizonyos értelemben mindannak ősei voltak, amit a korábbi kutatások a görög szárazföldön a napvilágra hoztak. Evans az újonnan felfedezett civilizációt a mitikus knósszoszi uralkodóról mínószinak nevezte el, s már a század első évtizedében körvonalazta időrendjét, amely kisebb módosításoktól eltekintve lényegében helytállónak bizonyult. Sőt ez a kronológia alkalmas volt az egész Égeikum bronzkori emlékanyagának rendszerbe foglalására is.

Evans hosszú élete során (1941-ben 90 éves korában hunyt el) tanúja lehetett a krétai kutatások jelentős kiszélesedésének, a phaisztoszi, majd a malliai palota, a gurniai város és még számos fontos lelőhely kiásásának, valamint az 1930-as évektől kezdve a C. W. Blegen nevével összekapcsolódó új kutatási periódus kibontakozásának. A nemrég elhunyt amerikai kutató alapvető jelentőségű tudományos ásatások egész sorát végezte el. Kiemelkedik ezek közül a Trójában végrehajtott ellenőrző vizsgálat, amely lehetővé tette Schliemann és Dörpfeld eredményeinek helyesbítését.

Blegen 1939 áprilisában Ano Englianosz mellett szinte az első csákánycsapások után rábukkant a püloszi királyok, köztük a homéroszi eposzokból ismert Nesztór palotájának levéltárára. Pülosz város neve összekapcsolódott az ún. lineáris B írás megfejtésével: az itt előkerült anyag tette lehetővé a zseniális angol építésznek, Michael Ventrisnek 1952-ben, hogy bebizonyítsa, a knósszoszi és a püloszi táblák görög nyelven íródtak. Ezzel kétségbevonhatatlan ténnyé vált, hogy a görög szárazföld lakossága az ún. mükénéi kultúra idején, vagyis a késő bronzkorban görög származású volt.

Az elmúlt évtizedekben sem lankadtak a kutatások. Nem maradtak el a szenzációs leletek sem, bármennyire hihetetlennek látszik ez Schliemann és Evans káprázatos felfedezései után. Az 1950-es évek elején G. Milónasz Mükénében feltárt egy sírkerületet, amely lényegében egykorú a Schliemann-féle királysírokkal. Krétán, Zakronál N. Platón szívós munkájának eredményeként előkerült a negyedik minószi palota. Mindezeket háttérbe szorította azonban a Thérán 1967-ben megindult ásatás. A sziget déli partján Sz. Marinatosz egy i. e. 1500 körül bekövetkezett vulkáni katasztrófa által eltemetett bronzkori „Pompeji” feltárását kezdte meg, s végezte 1974-ben bekövetkezett haláláig.

A kutatások útját sokszor megtorpanások, tévedések lassítják, tévutak szakítják meg. Ezek közé tartozik a mínószi kultúra virágkorában használt képírás és az ún. lineáris A írás megfejtési kísérleteinek kudarca, s ezzel azoknak a korai reményeknek a szertefoszlása, amelyek a lineáris B táblák értelmezése után a mínószi lakosság nyelvi hovatartozásának, eredetének tisztázása körül szövődtek.

Ez az utóbbi példa természetesen nem áll magában – a tudományt „népszerűsítő" könyvek általában csak a sikerekről szólnak –, s ez annak kihangsúlyozására int, hogy mint minden történelem előtti és a történeti kor küszöbén álló kultúráról, így az Égeikum bronzkoráról összeállított kép is szükségképpen hipotetikus és ideiglenes, ismereteink pillanatnyi állásától függ.

Thuküdidész, az első oknyomozó történetíró munkájának a kezdetekről szóló részét azzal a rezignált megjegyzéssel zárja, hogy az ősi állapotokra vonatkozó adatok általában megbízhatatlanok. Fokozottan áll ez a vélekedés a bronzkor hajnalára, amely a „kézzel formált" történelem körébe tartozik: egyedüli forrásaink a régészeti ásatások során feltárt leletek, és az ezekre alapított következtetések bizony gyakran igen rövid életűek.

Az Égeikumban i. e. 3000 körül Anatólia, azaz a mai Törökország területe felől érkező népvándorlások hullámaitól számítjuk a bronzkor kezdetét. A korszak régészeti szempontú elnevezését nem szabad szó szerint érteni: egyrészt eleinte nem bronzból, hanem rézből készült eszközök voltak használatban, másrészt az utóbbiakat már az újkőkor késői szakaszában is ismerték a görög föld lakói.

A népmozgások elcsendesülése után az Égeikum területén jól megkülönböztethető kultúrák körvonalai rajzolódtak ki. Az északkeleti szigetek – Lémnosz, Leszbosz, Khiosz – a kisázsiai partvidékhez kapcsolódtak, amelynek legjelentősebb települése Trója volt. A Kikládokon, amely a görög szárazföld és Anatólia közötti híd szerepét töltötte be, az ún. kikládikus kultúra alakult ki. A szigetcsoport Mélosz, az „obszidián-sziget" jóvoltából már a neolitikum óta „nemzetközi" fontosságú lett. (Legjelentősebb „városát", Filakopit már korábban említettük.) A szigetvilág ébredését elemi formákból felépülő márvány idolok (nőalakok, hárfán vagy kettős sípon játszó zenészek, csoportkompozíciók), bravúros spirális fonatokkal borított kő- és agyagedények, a fémművesség egyre tökéletesedő készítményei tükrözik. Ezeket az emlékeket a 20. század avantgarde művészei előbb fedezték fel és értékelték, mint a művészettörténészek.

Görögország kontinentális részén az i. e. 3. évezred elején az ún. helládikus kultúra alakult ki. Makedóniától Lakóniáig a kora bronzkori fejlődés lényeges vonásait tekintve egységes, de helyi árnyalatokban igen gazdag volt. Az argoliszi Lernában feltárt „zsindelyes palota" szemlélteti a legjobban a szárazföldön szerveződő új gazdasági és politikai rendet.

A kora bronzkori kikládikus és helládikus világ az i. e. 3. évezred végén válságba került és lehanyatlott. A mai Görögország területén számos települést – köztük a Lernában emelt palotát – a betörő ellenség elpusztította, és a tűzvész által letarolt épületeken hamarosan a jövevények lakóházai épültek fel. (Lernában egyedülálló esemény történt. A palota maradványai fölé a hódítók nagy halmot emeltek, amelyet évszázadokig tabuként tiszteltek.) A Kikládok „modern" művészete a szigetvilág önállóságának fokozatos korlátozódásával együtt – erről lentebb még szó lesz – elsorvadt.

Az i. e. 2000 körüli évek zűrzavaros eseményei egyedül Krétát nem érintették; ideje, hogy erről a szigetről is beszéljünk. Az Evans által mínószinak nevezett kultúra körvonalai az i. e. 3. évezred során bontakoznak ki. A sziget páratlan gazdagságának levegője cseng ki Homérosz Odüsszeiájának hexametereiből:

„Van bizonyos Krété, sziget ez, közepében a borszín
tengernek, szép dús partját a habok körülöntik,
rajta kilencven város, azokban számtalan ember...
És Knósszosz nagy vára, kilenc évig hol a legfőbb
Zeusszal társalgó Mínósz gyakorolta uralmát."

(Devecseri Gábor fordítása)

Kréta a bronzkor kezdetén tükörként gyűjtötte össze és szórta szét az Égei-térségben a különböző kultúrhatások sugárnyalábjait. Ezt a különleges szerepet földrajzi helyzete indokolta: a sziget a keleti Mediterráneum gyújtópontjában, Egyiptom, a görög szárazföld, a Kikládok és az Anatóliai partvidék között fekszik. Ilyenformán a mínószi műveltség sokféle forrásból táplálkozott. Evans szenvedélyesen hangsúlyozta és kutatta a krétai bronzkor „libüai", azaz a Nílus deltavidékéről eredő gyökereit. Később kimutatták, hogy az i. e. 3. évezredben anatóliai, szíriai és dél-palesztinai elemekkel is számolni kell. A sziget egész története során hazát és védelmet nyújtott az Égeikum hazátlanná vált menekültjeinek és kalózainak, de nemcsak befogadta a rászorulókat, hanem kulturális hagyományukat beolvasztotta saját világába. A kiásott leletanyag tanúsága szerint ilyen folyamat zajlott a kora bronzkorban is.

A termékeny Messzara-síkság kör alakú sírépítményei, az ún. tholoszok a környező területek ősi építészeti tradícióival mutatnak összefüggést. (Kör alakú házakat Palesztinából, Ciprusról és a predinasztikus Egyiptomból egyaránt ismerünk.) A sírmellékletek között gyakori egyiptomi típusú pecsétlők, kőedények konkrétan is jelzik, hogy Kréta kapcsolatban állott az ókori Kelet egyik legfontosabb központjával, az egyiptomi óbirodalommal.

A helyi fejlődés beszédes tanúbizonyságai a városiasodás útjára lépett települések. Vaszilikiben és Mürtoszban (Furnu Korifiu) központi tér körül vagy kövezett udvar mentén szerveződő, sok helyiségből álló épületegyüttesek kerültek elő. Olyan építészeti gondolat első megfogalmazásai ezek, amely később a palotákban ölt monumentális formát.

Régészeti szóhasználat szerint a középső bronzkorban, azaz a középső mínószi korban köszöntött be Krétán a paloták korszaka. A meglehetősen bonyolult rétegtani, kerámiatörténeti megfigyelések és a leletek egyiptomi kapcsolataira épülő időrendi támpontok alapján a legkorábbi paloták az i. e. 20. században épültek fel Knósszoszban, Phaisztoszban és valószínűleg Malliában is. Ezekről a hatalmas építményekről szinte reménytelen összefüggő képet alkotni, mivel pusztulásuk után az általában velük megegyező alaprajzú későbbi paloták jórészt eltüntették nyomaikat. (Impozáns maradványok csupán Phaisztoszban maradtak meg ebből a korból.) Az azonban biztosra vehető, hogy a korábbi és a későbbi paloták között lényeges szerkezeti eltérés nem volt.

Evans ismerte fel Knósszoszban, hogy az épület nagy, téglalap alakú központi udvara körül a helyiségcsoportok eleinte önálló „szigeteket" alkottak, amelyeket csak az i. e. 18. században kapcsoltak össze. Ez a megfigyelés alátámasztja azt a felfogást, amely szerint a krétai paloták megszületésében a kora mínószi kor építészetének igen fontos szerepe volt.

Ugyanakkor azonban Kréta széles körű külkapcsolatainak ismeretében az sem meglepő, hogy a paloták érdekes összefüggéseket mutatnak az ókori Keleten feltárt hasonló típusú építményekkel, mint például a Beycesultan-i „elégett" palotával (Anatólia) vagy Zimrilim király Mariban (Észak-Mezopotámia) feltárt székhelyével.

De helytelen volna figyelmen kívül hagyni az igen lényeges különbségeket is: a közel-keleti paloták szabályos, négyszögletes térformát adó falak mögé „zárkóztak be", a krétaiak gazdagon tagolt homlokzatokkal érintkeztek a külvilággal. Az ilyen jellegű eltérések alapján leszögezhetjük, hogy a mínósziak nem importálták a palotaépítészet formáit, hanem a helyi fejlődés során aktuálissá vált problémák megoldására felhasználtak külső tapasztalatokat is.

Tapasztalatok gyűjtésére pedig nem hiányzott az alkalom. A krétai kereskedők sokfelé megfordultak – amint ezt az ásatásokból előkerülő edénycserepek jelzik – Egyiptomban, Szíriában, Cipruson, nem beszélve az Égeikum közelebbi vidékeiről, ahol ez idő tájt a mínószi gyarmatosítás első világos jelei is mutatkoztak. (Küthéra szigetén például már az első paloták korában kialakult egy krétai kolónia.) A kapcsolatok széles köréről és kölcsönösségéről számos lelet tanúskodik: a krétai készítmények közül különösen az ezüstedények voltak keresettek, amint ezt a todi lelet (Egyiptom) szemlélteti. A mínószi kultúra lelőhelyein pedig szép számban jöttek napvilágra egyiptomi, szíriai, mezopotámiai eredetű tárgyak. Külön figyelemre méltó az ókori Kelet nagy törvényalkotója, Hammurapi korából egy babilóni pecséthenger, amely Platanoszban sír mellékleteként került elő.

A mínószi Kréta töretlen ívű fejlődését az i. e. 2. évezred első negyedében egész sor jelenség tanúsítja. Érdemes kiemelni ezek közül az ún. lineáris A írás kialakulását, amelyet a palotákban működő adminisztráció a nehézkes képírásból fejlesztett ki. Továbbá, a paloták körül és azoktól függetlenül a városi életmód terjedésének számos példáját ismerjük.

A kisművészetek, illetve a virágzó kézművesség alkotásai közül nem maradhatnak említés nélkül az ún. Kamaresz-vázák, amelyek egyik legfontosabb lelőhelyükről, az Ida-hegység vallásos rendeltetésű Kamaresz-barlangjáról kapták nevüket. Ezek a gyakran tojáshéj vékonyságú agyagedények sötét alapra vörössel, sárgával és fehérrel festett stilizált növényi díszítményeikkel (állat- és emberábrázolás csak elvétve fordul elő) a kerámiatörténet legszebb darabjai.

Ezt a dinamikusan fejlődő, békés kultúrát i. e. 1700 körül egy katasztrófa rendítette meg. Az a legvalószínűbb feltevés, hogy a Krétán rendszeresen ismétlődő földrengés és a vele együtt járó tűzvész pusztította el a palotákat. A leletanyag alapján nyilvánvaló ugyanis, hogy a szigeten kulturális törés nem következett be, nem idegen népesség települt meg a romokon, hanem megindult az újjáépítés, s csekély változtatással és bővítéssel újjászülettek a paloták.

Közülük a legbámulatosabb a Knósszoszban emelt „új" palota lett, mintegy 19 000 $m^2$-es alapterületével, emeleti traktusaival, lépcsőházaival, világítóudvaraival, vízvezetékrendszerével és raktáraival. Hatása mai állapotában is lenyűgöző, amit nagymértékben az Evans-féle sokat magasztalt és bírált rekonstrukciónak köszönhet. A hosszú ideig elhúzódó helyreállító munka során ugyanis az épület eredetileg fából készült elemeit (falazatba illesztett gerendák, oszlopok, pillérek, ajtó- és ablakkeretek stb.) vasbetonnal pótolták és kiegészítették. Vitathatatlan, hogy a látogató Knósszoszban fogalmat alkothat a labrüszok, azaz a kettősbárdok házáról, a labürinthoszról, amely a görög mitológiai hagyományban a végső pusztulás után a szörnyszülött Mínótaurosz kiismerhetetlen útvesztő-lakhelyeként, labirintusaként élt tovább.

A ma ismert négy palota, Knósszosz, Phaisztosz, Mallia és Zakro egységes alaprajzi elrendezést és arányrendszert mutat. (Az utóbbi egysége a modern építészettudomány által kikövetkeztetett mínószi láb, amely 30,36 cm hosszú.) A későbbi görög hagyomány megőrizte az athéni származású, Knószszoszban működő építész, Daidalosz nevét. Ez mindenképpen értékes támpont annak feltételezéséhez, hogy az egységes palotatípus egy zseniális bronzkori tervező műve volt.

A paloták díszítésében meghatározó szerep jutott a falfestményeknek és a festett domborműveknek. A knósszoszi freskók némelyike, mint pl. a „kis párizsi nő"-nek elnevezett töredék egyértelműen mutatja, hogy a mínószi festészet az egyiptomi egykorú alkotások színvonalán áll, s azoknak nyilvánvalóan sokat köszönhet. Más festmények, mint például a bikaugrást ábrázoló kép a krétai mesterek remek kompozíciós érzékét tükrözi a bonyolult mozgások pillanatfelvételre emlékeztető megörökítésében. A természeti környezet, az állat- és növényvilág megjelenítésének bőségesen jutott hely a paloták falain. Elbűvölő stilizált álomvilágban jártak-keltek a mínósziak, olyan festett világban éltek lakóhelyükön, amely az európai szecesszió művészetével mutat közeli rokonságot. (Nem véletlen, hogy a szecesszió művészei szinte a felfedezése pillanatában merítettek a krétai és mükénéi művészetből.)

A freskók mellett nagy szobrászati alkotásoknak szinte semmiféle szerep sem jutott Krétán. (Érdekes módon újabban mínószi stílusú, életnagyságú agyagszobrok a Kikládokon, Keosz szigetén kerültek elő, ott ahol a kora bronzkorban virágzó szobrásziskolák dolgoztak.) Knósszoszban és a többi krétai lelőhelyen a nagy szobrok hiányáért a bronzból, fajanszból, elefántcsontból, terrakottából készült kisplasztikai alkotások („szabados" viseletű kígyós istennők, ágyékkötős imádkozó férfiak, bikaugrást ábrázoló merész kompozíciók), továbbá az állat alakú és a domborművel díszített kőedények („arató"-váza) kárpótolnak bennünket.

A paloták körül és még sokfelé a szigeten jelentős városok virágoztak (íme az Odüsszeia kilencven városa!), de voltak vidékies kisvárosok is, mint például a hegyoldalban elterülő Gurnia. Kréta termékeny völgyeiben tágas udvarházak emelkedtek, amelyek alighanem a mezőgazdasági termelés rendszerében játszottak valamiféle szerepet.

Már említettük, hogy a görög történeti irodalom Mínósz tengeri uralmát gyakran említi. Az új paloták korában Egyiptom a hükszoszok kiűzésével, a fáraó hatalmának újjászervezésével volt elfoglalva. Ez a körülmény tette lehetővé a sziget hatalmának megnövekedését, s egyben magyarázat arra is, hogy a krétai palotákat nem oltalmazták hatalmas falak; a mínószi flotta ereje kizárta a meglepetésszerű támadások lehetőségét.

Mindenesetre a krétai külpolitika aktív és sikeres lehetett. Az egyiptomi sírfestményeken gyakran feltűnnek a mínósziakkal azonosítható keftiu nép küldöttei; Kréta ebben a történelmi helyzetben sem hanyagolta el a barátságot a fáraók birodalmával.

Mínószi fazekasműhelyek termékei gyakran kerülnek elő az ókori Kelet és az Égeikum egykori központjainak feltárása során. A görög szigetvilágban és a Peloponnészosz déli partjain a krétai térhódítás változatos formái – kolóniák, kereskedelmi lerakatok, a politikai fennhatóság bizonyos elemei – mutathatók ki. A Kikládok legfontosabb településén, Filakopiban ez olyan mértékű, hogy szinte biztosra vehető krétai lakosság betelepedése. De hasonló a helyzet a thérai Akrotiri mellett feltárt bronzkori „Pompeji"-vel is: a korszak festészetéről kialakult képet forradalmasító freskók, a kő-, bronz- és agyagedények egyaránt a krétai kolonizációt bizonyítják. (Egyébként a lineáris A írás használata is kimutatható a szigeten.)

Théra tragikus szerepet kapott a mínószi új paloták történetében. I. e. 1500 körül a szigeten vulkánrobbanás következett be, amely a történelem legnagyobb ilyen jellegű katasztrófái közé tartozik. Théra nagy része megsemmisült, a lerakódott láva és hamu helyenként 60 méter vastagságú. A robbanást követő mintegy 200 méter magas szökőárhullám villámgyorsan elérte Krétát és szinte letarolta az északkeleti partvidéket. A sziget belsejét, déli partvidékét hatalmas földrengéssorozat pusztította végig. A thérai katasztrófa lefolyásáról, fázisairól, keltezéséről és következményeiről élénk tudományos vita folyik, amelyet az akrotiri ásatások eredményei jelentősen befolyásolnak majd. Ezek alakulásától függetlenül is, a régészeti anyag alapján kimutatható, hogy i. e. 1450 körül a mínószi kultúrában törés következett be: a korábbi települések egész sora szűnt meg. A thérai vulkánrobbanás okozta szökőár és a földrengések pusztításai után nem sokkal háborús események zajlottak le (Mokhloszon az áldozatok földi maradványai is előkerültek). Ezt követően Knósszosznak új urai lettek, akik – amint ez a lineáris B írás megfejtése óta nem kétséges – a görög szárazföld „ércsisakos" akhájai közé tartoztak.

Ez a fordulat időszerűvé teszi a kérdést: mi történt Görögország kontinentális részén a krétai régi és új paloták idején?

Fentebb az i. e. 22. századi események, vagyis a kora bronzkor végén bekövetkezett pusztulássorozat „pillanatában" hagytuk el a szárazföldet. A virágzó kora helládikus települések romjain újfajta házakat emeltek, s ezek lakói új típusú agyagedényeket használtak. A legvalószínűbbnek az a feltevés látszik, amely szerint egy Anatóliából érkező nép honfoglalása zajlott le. A jövevények 2–300 éven keresztül, több hullámban érkeztek, s letelepedésüktől számítjuk a görög föld középső bronz- (helládikus) korának kezdetét.

Ez az esemény rendkívüli jelentőségű a görög föld történetében. A középső helládikus kultúrából ugyanis szervesen fejlődött ki a mükénéi civilizáció (vagyis az utóbbit nem újabb népvándorlás hozta ide), s minthogy a mükénéi kor palotáinak levéltáraiból görög nyelven írott lineáris B táblák kerültek elő, következésképpen i. e. 2200 és 1900 között görög néphullámok érkeztek a területre.

A középső bronzkori „görög" kultúra kezdetben kifejezetten szegényes volt a megelőző időszak ismeretlen eredetű lakosságának kultúrájához képest. Néhány évszázad leforgása alatt azonban az anyagi kultúra látványos fejlődése indult meg. Ennek legfontosabb katalizátora a mínószi Kréta volt; a sziget hatásáról a Peloponnészosz déli részén már beszéltünk. Mindezek ismeretében is meglepő azonban az a robbanásszerű fejlődés, amely az i. e. 17–16. század fordulója körül a Peloponnészoszon, elsősorban a terület legfontosabb településén, Mükénében következett be: bizonyítékai a város temetőjének két sírkerületében feltárt temetkezések.

A kettő közül a „B sírkerület" a korábbi, 24 sírjában 1650 és 1550 között földelték el a halottakat. A leletek nem hagynak kétséget afelől, hogy Mükéné középső helládikus kori vezetőrétegének képviselői temetkeztek ide, akik ebben az időben jelentősen meggazdagodtak, s kultúrájuk minőségileg új szakaszba érkezett. A Schliemann által felfedezett „A sírkerületben" a kincsek meghökkentő tömegét helyezték az i. e. 16. századi királyok és családtagjaik teteme mellé. A férfiak arcát arany halotti maszk fedte, berakásos díszfegyverek, arany és ezüst ivóedények hevertek mellettük. A nőkön arany diadéma, karperecek, gyűrűk, ruhadíszek, felsorolni is hosszú volna az ún. aknasírok halottainak mellékleteit.

Ezek a leletek jelentik a helládikus kultúra utolsó szakaszának, a késő bronzkornak, illetve a legfontosabb lelőhelyéről elnevezett mükénéi kornak a nyitányát. A káprázatos gazdagság forrása magyarázatot kíván, s a kutatók kézenfekvőnek látszó vagy kalandos elméletek egész sorával álltak elő. Íme, néhány elképzelés: A mínószi Kréta elfoglalta a szárazföldet; a mükénéi aknasírokban a hódítók nyugosznak... A mükénéi akhájok kifosztották Krétát; innen a töménytelen arany és krétai ízlésű dísztárgy... Az akháj fejedelmek dinasztikus érdekből Krétáról házasodtak, a mínószi fegyverek és ékszerek a hozományból származnak... A mükénéi uralkodócsalád krétai kézműveseket fogadott szolgálatába... Az akhájok az egyiptomiak zsoldosaiként részt vettek a hükszoszok kiűzésében, s szolgálatukért aranyban kapták a fizetséget... Az Egyiptomból kiűzött hükszoszok egy csoportja kerítette hatalmába a mükénéi királyságot, s ezért következett be az ugrásszerű fejlődés...

Ezek a természetesen igen leegyszerűsített formában előadott feltevések sok szempontból határozottan különböznek egymástól, ugyanakkor bizonyos tekintetben összefüggnek. Mindenekelőtt abban, hogy a következő kérdésekre keresnek magyarázatot: milyen eredetű volt a görög szárazföld déli részén kialakult vezetőréteg; hogyan gazdagodott meg és milyen módon jutott a krétai eredetű luxuscikkek tömegéhez; mivel magyarázhatók a kultúra „exotikus" vonásai (egyiptomi temetkezési szokásokat idéző halotti maszkok, strucctojások a sírban stb.)?

A szerteágazó vélemények ellenére van néhány szilárd pont, amelyre építeni lehet. Mindenekelőtt, ma már nem férhet kétség ahhoz, hogy a mükénéi sírokban a kora bronzkor végén bevándorló görög akhájok egyenes leszármazottai nyugodtak, akik a dinamikusan fejlődő társadalom militarista vezetőrétegét alkották. Ez a réteg a kor kézműiparának a helyi kínálatnál lényegesen magasabb színvonalú luxuskészítményeit igényelte, s azokat képes volt megszerezni. A megszerzés módjának magyarázatára már több lehetőség adódik. Egyvalamit azonban leszögezhetünk: az i. e. 17–16. században a mínószi új paloták világához békés kapcsolatok fűzték a szárazföldi akhájokat; semmi alapja sincs annak a feltevésnek, hogy az utóbbiak kirabolták volna Knósszoszt. Továbbá, az aknasírok mellékleteinek „egyiptizáló elemét" nem szabad túlbecsülni, minthogy valójában egyetlen jelentősebb egyiptomi eredetű műtárgy sincs a leletek között.

Ilyenféle kulturális erővonalak között kell elhelyezni a mükénéi kultúra megszületését, amely egyébként a Peloponnészosz legfontosabb központjaiban lényegében egyidejűleg ment végbe. Ezt jelzik a Pülosz környékén, Lakóniában, Argoliszban az i. e. 16. századból és az i. e. 15. század első feléből származó sírleletek. A mükénéi kultúra hajnaláról ugyanis kizárólag a temetők adnak képet; a települések nyomait a későbbi építkezések eltüntették. A Peloponészosznak a mínószi hatástól legközvetlenebbül átjárt területein már a középső helládikus kor végén megjelentek a Krétán régóta ismert tholosz- vagy álkupolás sírok. Mükénében ezek az i. e. 15. század folyamán váltották fel az aknasírokat.

Ezután érkezett el az az időpont, amikor a mínószi és a mükénéi világ békés egymás mellett élése megszűnt. A körülményeket már ismerjük: a thérai vulkáni katasztrófától szétzilált sziget szinte az akhájok kezébe hullott. I. e. 1450 után a knósszoszi palota trónján (az Evans által feltárt és rekonstruált trónterem falai ebből az időszakból származó falfestményekkel voltak borítva) mükénéi görög uralkodó ült. A hódítók átvették a mínószi palotakultúra számos vívmányát. A krétai írnokok a lineáris A írást alkalmassá tették a görög nyelv lejegyzésére. Knósszoszban ebben az időszakban görögül folyt az adminisztráció.

Knósszosz felvirágzása az akháj hódítók kezén nem bizonyult hosszú életűnek. Talán éppen magának Mükénének nem volt ínyére az új hatalmi központ, amely a sziget kedvező fekvése révén a szárazföldi hegemóniát nagymértékben kétessé tehette. A feltevések szaporítása helyett szorítkozzunk a tényekre: nem sokkal i. e. 1400 után a knósszoszi palota végleg elpusztult.

A Knósszosszal kapcsolatos végső fejleményektől függetlenül megállapítható, hogy i. e. 1450 után a mükénéi kultúra a terjeszkedés útjára lépett. Ezt az utat az egymással vetélkedő akháj királyságok testvérháborúi és idegen népek ellen vívott harcok kísérik. A mitológiai hagyományban megőrződött események („Heten Thébai ellen") és a régészetileg megállapított jelenségek (a thébai palota elpusztulása az i. e. 14. század elején) gyakran szemléletesen egybevágnak. Ezek alapján meglehetősen egyértelmű kép rajzolódik ki Mükéné uralkodóinak az egyeduralomért vívott harcáról, amely minden valószínűség szerint eredménnyel járt.

Mindenesetre az i. e. 14–13. században Mükénében épültek fel a görög föld legkáprázatosabb emlékei. Az „Atreusz kincsesházának" elnevezett tholosz-sír álboltozatos belső terének méreteit az ókorban csak a Hadrianus császár idején épült római Pantheon múlta felül.

A mükénéi világ erejének és tekintélyének megnövekedését egyértelműen tükrözi az a tény, hogy az ókori Kelet egyik legfontosabb központjában, a hettita birodalomban az i. e. 14. század folyamán jelennek meg az Ahhijavára vonatkozó írásos dokumentumok. Nem nehéz felismerni, hogy az utóbbi elnevezés az akhájokra vonatkozik, akiket ezek szerint a hettiták fontos hatalmi tényezőnek tekintettek. Vitatott azonban, hogy az Ahhijava név egy Anatólia területén – esetleg a szomszédos Rhodosz szigetén – kialakult mükénéi királyságot, vagy talán magát Mükénét, és – egyes feltevések szerint – az általa szövetségi rendbe fogott területeket jelenti-e. A legvalószínűbbnek az utóbbi lehetőség látszik.

Az i. e. 14–13. századot a mükénéi paloták korának is nevezik, minthogy a királyi székhelyek ma ismert maradványai ebből az időszakból származnak. A palotákról a legjobb képet a püloszi, a tirünszi és a mükénéi együttesek alapján lehet alkotni. Hasonló épület állt azonban az athéni Akropoliszon, a boiótiai Thébaiban, a thesszáliai Iólkoszban, a Spárta melletti Menelaionnál és másutt. Ha az épületeket a falazás technikája, a felületet díszítő elemek vagy a freskómaradványok alapján ítéljük meg, azt mondhatjuk, hogy a szárazföldi királyi székhelyek a krétai palotákat utánozzák, a különbségek azonban alapvetőek.

A mükénéi paloták központi része a neolitikum óta Anatóliában és a Balkán-félszigeten egyaránt ismert megaron. Ez a téglalap alakú épülettípus általában kétoszlopos tornácból, előszobából és a főhelyiségből állott. Az utóbbi közepén nagy tűzhely volt, amelynek füstje a terem tetőzetét tartó négy oszlop között hagyott nyíláson át szállt el. A király trónszéke az egyik oldalfalhoz támaszkodott. A megaront folyosók, kisebb-nagyobb helyiségek vették körül. A krétai palotáktól eltérően a mükénéi királyi székhelyek nem vezethetők vissza közös alaprajzi típusra; ez szükségszerűen következik a színhelyként kiválasztott domb vagy hegytető formájából, a terep adottságaiból.

A paloták többsége erődített volt, s ez újabb eltérést jelez a mínószi építési gyakorlattól. Az imposáns védőfalak, amelyeket hatalmas kőtömbökből állítottak össze – az ókorban ezeket nem emberi kéz, hanem a mitológia félszemű szörnyei, a Küklópszok műveinek vélték – általában az i. e. 14. és a 13. század közepe közötti időben épültek. Az ilyen természetű munkák méretéről jó képet ad az, hogy a boiótiai Kopaisz-tó Gla szigetén a települést 3 km hosszú fal oltalmazta, a Közép-Görögországot a Peloponnészosszal összekötő Iszthmoszt pedig még hosszabb erődítés védte. A legbámulatosabb védművek azonban Mükénében és Tirünszben maradtak fenn. A falak sebezhető pontjait gondosan faragott, négyszögletes kövekből kiképzett kiszögellések tagolták, sok helyütt bástyák magasodtak, továbbá díszes kapuik és rejtett vészkijáratuk volt. A védővonal alatt bravúrosan megépített föld alatti járatok forrásokhoz vezettek, amelyek ostrom idején a védők vízellátását szinte az ellenség lába alól biztosították.

A mükénéi kor erődítési formái és technikai megoldásai a maguk korában nem voltak egyedülállóak. Elsősorban a hettita birodalom területén végzett ásatások alapján vált világossá, hogy a mükénéi építészeknek volt honnan tanulniuk. Mükénében, a hettita királyi székhelyhez, Hattusashoz hasonlóan „oroszlán-kapu" hirdette az uralkodó hatalmát. A három monolit kőtömbből emelt főbejárat tehermentesítő háromszögét díszítő domborművön a palotát jelképező oszlop két oldalán címerszerű kompozícióban ábrázolt oroszlánpár látható.

A mükénéi kultúra virágkorában a bronzkori görögök az Égei-tenger szigetein átvették a mínószi telepesek szerepét és helyét, s hasonló őrségváltásra az anatóliai partvidék bizonyos pontjain – például Milétosz környékén – is sor került. Fontos mükénéi központok alakultak ki Cipruson (Enkomiban), kereskedőtelepek a szíriai partvidéken (Ugaritban) és Dél-Itáliában (Taranto mellett). A mükénéi kerámia elterjedése alapján kereskedelmi kapcsolatuk Etruriától Egyiptomig, Máltától Észak-Mezopotámiáig, Albániától Palesztináig terjedt. A mükénéi áruk keresettsége a kézműipar magas színvonalát bizonyítja. Ugyanakkor az is világos, hogy a királyságok gazdasági egyensúlyuk fenntartása miatt rákényszerültek a környező népekkel való békés kapcsolatok ápolására. Ez tette lehetővé a nyersanyagszükséglet (réz, ón) folyamatos fedezését és a reprezentáció kellékeinek (arany, elefántcsont, borostyán, drágakövek stb.) beszerzését.

A hatalma teljében levő mükénéi világon az i. e. 13. század második felében hatalmas pusztítási hullám söpört végig. Rombolás és tűzvész áldozata lett Argoliszban Mükéné és Tirünsz, a boiótiai Thébai és Gla, Menelaion Spárta mellett, Pülosz Messzéniában és még számos fontos település. A katasztrófa azonban nem volt totális méretű; lényegében érintetlen maradt Athén, Argosz, a thesszáliai Iólkosz és más városok. Amennyire világosak a régészeti feltárások alapján a pusztítás nyomai és méretei, annyira homályban marad történeti hátterük.

Felmerült az a magyarázat, hogy a katasztrófa-periódust a görög szárazföld klímájának hirtelen megváltozása, a beköszöntő szárazság miatt elnyomorodott lakosság, a „szomjazók" felkelései váltották ki. Ez ellen szól azonban az a tény, hogy a levéltárakban levő, szárított agyagra írt okmányok, amelyek a palotákat elemésztő tűzvész miatt égtek ki cseréppé, nagy készletekről, s virágzó gazdasági életről tanúskodnak. A pusztulások valószínűbb okai közé a mükénéi világ belháborúi és külső katonai vállalkozásai számíthatók. Az előzőkről a görög hősmonda bőséges anyagot őrzött meg, s ha ennek a hagyománynak nincs is „szó szerinti" történeti értéke a belőle kihámozható lényeg gyakran összecseng a régészeti felfedezésekkel. Argolisz Thébai elleni háborúját („Heten Thébai ellen") már említettük, s azt is, hogy a boiótiai központ az ásatási megfigyelések szerint az i. e. 14. század elején elpusztult. A mondák a „hetek" leszármazottainak, az epigonoknak Thébai elleni hadjáratáról is beszélnek; nos, a régészet a város i. e. 1200 körül bekövetkezett feldúlását is kimutatta. A külső események közül az egyiptomi feliratokon „tengeri népeknek" nevezett népcsoport vándorlása érdemli a legnagyobb figyelmet. Ez az anatóliai, mediterrán és mükénéi görög elemekből álló szövetség az i. e. 13. század utolsó negyedében, illetve az i. e. 12. század elején pusztított Anatóliában, a levantei partvidéken és egészen Egyiptomig nyomult előre. Itt előbb Merneptah, majd 1180 körül III. Ramszesz fáraó állította meg és verte vissza a harcias vándorokat.

Milyen szerepet játszhattak a titokzatos tengeri népek a mükénéi kultúra legfontosabb központjainak pusztulásában? Bármennyire gondolatébresztő ez a kérdés, a választ nem jó elhamarkodni. Tény az, hogy a püloszi palota levéltári anyaga alapján kimutatható, hogy Nesztór királyságának székhelyére a tenger felől veszély leselkedett, s őrségekkel próbálták a váratlan támadásnak elejét venni. Tény továbbá az is, hogy az i. e. 12. század folyamán a görög szárazföldön, a levantei partvidéken ha ugyan szórványosan is, de feltűntek a helyi kultúráktól elütő, idegen elemek (fegyverek, ékszerek stb.). Mindezek alapján nem alaptalan az a feltevés, hogy az egymás elleni katonai akciók során felesleges erőt pazarló mükénéi királyságok lehanyatlásába a tengeri népek betörései is belejátszhattak.

A válságperiódus eseményei közül a görög hősmonda tényleges jelentőségénél nyilván sokszorosan túlméretezett nagyításban a trójai háború emlékét őrizte meg. Erről legkorábbi forrásunk Homérosz két hősköltemenye, az Íliász és az Odüsszeia; az ezekben megénekelt epizódokat későbbi feldolgozások egészítették ki. Az ókorban a háború történetiségét nem vonták kétségbe. Még akkor sem, amikor – mint például Hérodotosz – kitörésének okaként a mitológiai szituációt, a spártai királylány, Helena elrablását tüntették fel. Viszont nem alakult ki egységes ókori vélemény arról, hogy a hosszú ostrom pontosan mikor zajlott le.

Schliemann előtt és után az ókorkutatók generációi tették fel újra és újra a kérdést, volt-e egyáltalán trójai háború, s ha igen, mikor zajlott le a mükénéi görögök és a trójai királyság összeütközése? Ebben a tekintetben a régészeti ásatások hozták meg a minőségileg új válaszadás lehetőségét.

Blegen kutatásai szerint Trójában i. e. 1800 körül kezdődött meg a VI. város felépülése. Ez a település nagyszerű erődítményeivel az Égeikum északkeleti térségének és Nyugat-Anatóliának legfontosabb központja volt. A város az i. e. 14. század második felében, feltehetően földrengés következtében elpusztult. A romokból újjáépített ún. VIIA várost az i. e. 13. század második felében ostrom dúlta fel; nyilvánvalóan ez volt a homéroszi Trója. Vitatni persze lehet, hogy az ostromlók mükénéi görögök voltak-e; az ilyenfajta események nem feltétlenül hagynak maguk után egyértelmű etnikai következtetésekre alkalmas régészeti anyagot. Ennek ellenére nincs okunk kételkedni abban, hogy a trójai háború történeti tény.

Ha arra gondolunk, hogy a régészeti következtetések alapján Trója pusztulása lényegében akkor következett be, amikor a „szeles Ílion" alatt harcoló püloszi, mükénéi csapatok szűkebb hazáján is a pusztulás szele söpört végig, még szélesebb távlatokat kap a mükénéi világ régészetileg bebizonyított válsága. Feltehető, hogy a hettita birodalomnak a tengeri népek által okozott széthullásából Mükéné és szövetségesei a kereskedelmi és stratégiai szempontból egyaránt fontos Trója elfoglalásával igyekeztek hasznot húzni. Nem számoltak azonban a vállalkozás méreteivel, az elhúzódó harcokat kihasználó konkurrens királyságok, belső hatalmi csoportosulások aktivizálódásának lehetőségével és az Égei-térségben kalandozó népcsoportok agresszív szándékaival.

Bárhogy is volt, a végeredmény világos: az i. e. 12. század elejére a mükénéi világ legfontosabb központjai romokban hevertek, a palotákból irányított politikai és gazdasági szervezet, a „palota-kultúra" megsemmisült. Nem semmisült meg azonban maga a mükénéi kultúra, bár a megelőző két évszázadban kialakult egységének vége szakadt.

Az i. e. 12. században számos korábbi település élete nem folytatódott tovább. A palotákhoz kötött művészeti ágak (freskófestészet, elefántcsont-faragás, kőedénykészítés stb.) és kulturális vívmányok (lineáris B írás) gyakorlatilag megszűntek. Számos vonatkozásban azonban megmaradt a szerves kapcsolat a civilizáció korábbi időszakával, vagyis maga a kultúra túlélte a kialakulásában alapvető szerepet játszó központjait.

Más kérdés, hogy a bronzkori görög világ napjai meg voltak számlálva. Az i. e. 12. század folyamán a mükénéi települések pusztulása tovább folytatódott. Az anyagi kultúra emlékei között az idegen elemek szaporodtak. A század utolsó negyedére lezajlott az a változás, amit a görög hagyomány Héraklész utódai visszatérésének és a dórok peloponnészoszi uralomra jutásának, a modern történelemtudomány pedig a dór vándorlásnak nevez. Az ugyancsak görög nyelvet, annak egyik dialektusát beszélő dórok valahonnan a mükénéi világ perifériájáról húzódtak vagy inkább szivárogtak le Dél-Görögországba s mozgásuk következményeként a görög föld népességi, politikai és kulturális viszonyai alaposan átrendeződtek.

A folyamat régészeti vetülete kevéssé ismert. Mindenesetre a bronzkori kultúra romjain az i. e. 1. évezred elején új világ épült fel. Ez nem szakadt el teljesen a helyi előzményektől: egyre több dokumentuma van annak, hogy nem csupán a dór vándorlástól megkímélt Attikában, hanem a mükénéi világ egykori központi területén, Argoliszban, továbbá a nagy múltú Krétán is volt bizonyos vérszegény folytatása a fazekasművesség és a fémművesség területén a korábbi hagyományoknak (ún. szubmükénéi, illetve szubmínószi leletek). Mégis, a „dór vándorlással" beköszöntő vaskor görög kultúrájának a legjellemzőbb sajátossága a tökéletes újrakezdés igénye és képessége volt.

Az új világot azonban a régihez kapcsolta a közös nyelv. A szájhagyomány megőrizte, átörökítette és a görög költészet egyik legfontosabb „nyersanyagává" tette a mükénéi „hőskorra" vonatkozó történeteket. Nem kevésbé szoros szálat jelentett a múlt felé a vallás, az istenalakoknak, a kultuszformáknak és kultuszhelyeknek a bronzkorban gyökerező hagyománya.

Így amikor a modern régészet jóvoltából egyre többet és többet ismerünk meg a görög bronzkor történetéről, a múlt mélységes mély kútjában az európai civilizáció legmélyebb rétegeit kezdjük világosabban látni és megérteni.

# KÉPJEGYZÉK

## KRÉTA

1. Tengerpart (Dél-Kréta).
2–3. Ajia Galini, kis nyaralóhely és halászfalu Kréta déli partján.
4–5. Nyaralók Kréta északi partvidékén.
6. Szélkerék Mallia közelében.
7. Egy évszázados olajfa törzse.
8. Táj a knósszoszi palota környékén, a távolban Iraklion.
9. Az Ajia Triada-i nádfurulya-készítő.
10. Krétai szüret.
11. Faragott fakanál, krétai népművész munkája. Iraklion, Néprajzi Múzeum
12. Velencei erődítmény Iraklion kikötőjében. Kréta 1210-ben került a velenceiek kezére, akik a szigetet és fővárosát, Irakliont is Candiának nevezték. A 14. századtól a 17. századig épülő erődítésrendszer a várost a keleti Mediterráneum egyik legfontosabb kikötőjévé tette. A kis belső kikötő és védművei 1523 és 1540 között készültek el.
13–14. A kritszai Panajia Kéra-templom. Az Ajiosz Nikolaosz közelében fekvő település temploma a velencei uralom legkorábbi időszakában, a 13. században épült. Érdekes alaprajza, arányai és főként freskói miatt a sziget legszebb templomaként tartják számon.
15. Ablakkeret a kritszai templomon.
16. A kritszai templom harangtornya.
17. A kritszai templom oromfala.
18. Utca Kritszában.
19. A kritszai templom homlokzata a bejárattal.
20. Tengeri széltől meggyötört fák.
21. A ciprusok alatt.
22. Kréta északi partja.
23. A „borszínű" tenger.
24. Krétai halászok.
25. Ajia Galini.
26. Szeptemberben Krétán.
27. Freskó a kritszai templomban.
28. A knósszoszi palota helyreállított helyiségei a keleti szárnyon. Knósszoszról részletesen l. a 41. kép kapcsán.
29. Az ún. déli ház a knósszoszi palota közelében.
30. Tárolóedények a palota déli bejáratának közelében.
31. A knósszoszi palota északi bejárata.
32. Freskórészlet a knósszoszi palotában.
33. Az északi bejárat helyreállított oszlopcsarnoka.
34. A knósszoszi palota trónterményének előszobája (nyugati szárny).
35. Bikát ábrázoló festett stukkórelief az északi bejáratnál levő oszlopcsarnokban. (Kiegészített másolatát l. a 86. képen.)
36. A „Tavasz-freskó" Thérából. I. e. 16. század második fele, Athén, Nemzeti Régészeti Múzeum. Az Égeikum legjobb állapotban megmaradt bronzkori falfestménye a thérai Akrotiri mellett fekvő településről. Az ún. Delta-ház egyik szobájának három falát díszítette; sziklákon nyíló liliomokat, repdeső fecskéket ábrázol. Innen a felfedező, Marinatosz által adott elnevezés.
37. Helyreállított oszlopok a palota keleti szárnyában.
38. Szuszék formájú festett agyagszarkofág Krétáról. I. e. 1400–1350 körül, Iraklion Régészeti Múzeum. Az ún. larnax tetején vallási jelképek – stilizált bikaszarv, kettősbárd (labrüsz) – láthatók.
39. A bikaugrást ábrázoló knósszoszi freskó. I. e. 16–15. század, Iraklion, Régészeti Múzeum. A palota keleti szárnyában került elő. A veszélyes, akrobatikus képességeket igénylő „játék" nyilvánvalóan összefüggött a mínószi vallásban központi szerepet játszó bikakultusszal.
40. A knósszoszi palota trónterme. A helyreállítás – az akháj hódítás után – az i. e. 15. század második felében funkcionált belső teret mutatja be.

41. A knósszoszi palota látképe.
Knósszosz Irakliontól mintegy 5 kilométerre, délre, alacsony dombon terül el, a dombot az új kőkor óta egymást követő települések kultúrrétegei hozták létre. Feltárását 1900. március 23-án A. Evans kezdte el D. Mackenzie és Th. Fyfe építész asszisztenciájával. A kutatásokat ma az athéni Angol Régészeti Intézet végzi. „Mínósz palotája" a bronzkori város középpontjában állott. A mai látványt igen jelentős részben az Evans által elvégeztetett helyreállítások határozzák meg, amelyek az új palota kiásott maradványai alapján folytak. A régi palota építése az i. e. 20. században kezdődött meg, s legalább egy évszázadig tartott, majd 1700 körül földrengés pusztította el az objektumot. Ezután, lényegében a korábbi épület alaprajzát követve – bár jelentős módosításokra is sor került – emelték az új palotát, amely egészen az i. e. 14. század elejéig funkcionált. Közben katasztrófák érték, így kisebb-nagyobb javításokra volt szükség. Története utolsó fázisában (i. e. 1450 után) mükénéi görögök kezére került. A palota körül igen jelentős mínószi város virágzott; számos lakóházat, továbbá az ún. kis palotát – a királyi villát – még Evans tárta fel, s részben rekonstruálta is.

42–43. Modern nyaraló kapuja Krétán.

44. A knósszoszi palota északi szárnya.

45. A knósszoszi palotát díszítő stilizált bikaszarv.

46. Az ún. déli ház Knósszoszban.

47. A knósszoszi palota délnyugati része.

48. A knósszoszi palota északi bejárata.

49. Turisták Knósszoszban.

50. Tárolóedény az északi bejárat közelében.

51–53. A knósszoszi palota keleti szárnyának rekonstruált főlépcsőháza.

54. Egy építőkő a knósszoszi palotában.

55. Kilátás dél felé a knósszoszi palotából, a háttérben a Juktasz hegység csúcsa, ahol a mínószi időkben szentély állott.

56. A palota nyugati szárnyának rekonstruált része.

57. Az emeleti szint a keleti szárnyon.

58. Váza Knósszoszból kettősbárd ábrázolással (részlet).
I. e. 15. század második fele, Iraklion, Régészeti Múzeum.

59. Stilizált bikaszarv a palota déli részén.

60. Bikafej (l. a 88. képet is).
I. e. 16. század második fele, Iraklion, Régészeti Múzeum.

61. Bronz kettősbárdok Niru Khaniból (a nyél jelenkori kiegészítés). I. e. 16. század, Iraklion, Régészeti Múzeum

62. A knósszoszi palota trónteremének előszobája (nyugati szárny).

63. Lépcsős színháztér a knósszoszi palota északnyugati sarkánál.

64. A palota keleti szárnyának főlépcsőháza.

65. Raktárhelyiség pithoszokkal a palota nyugati szárnyában.

66–69. Részletek a knósszoszi palotából: terrakotta fürdőkád, csatorna, vízvezeték, vízöblítéses illemhely.

70. Épületmaradványok a palotákat megelőző időszakból Knósszoszban i. e. 2050–1900 körül.

71. Napfelkelte Knósszoszban.

72. Falrészlet a palotából.

73. A phaisztoszi palota, háttérben a Messzara-síkság.
A phaisztoszi palota Kréta egyik leglátványosabb pontján, a sziget déli partjának közelében, a termékeny Messzara-síkság szélén emelkedett. Káprázatos kilátás nyílik észak felé az Ida-hegységre. Az ásatásokat 1900-ban olasz régészek (Halbherr és Pernier) kezdték meg, s jelenleg is az athéni Olasz Régészeti Intézet végzi a kutatásokat D. Levi irányításával. Feltárták az 1700 és 1450 között fennálló új palota maradványait, amely lényeges vonásaiban megegyezik a knósszoszi palotával. Az újabb ásatások során igen jelentős maradványok kerültek elő az i. e. második évezred elején emelt régi palotából is.

74. A régi palota feltárt maradványai Phaisztoszban.
75–76. A phaisztoszi korong két oldala.
I. e. 1600 körül, Iraklion, Régészeti Múzeum.
Az égetett agyagból készült korong mindkét oldalán spirális elrendezésű képírásos felirat van, amely a szigeten gyakran használt hieroglif írástól eltér. Szövege egyelőre még nincs megfejtve.
77. Az Ajia Triada-i királyi villa, háttérben a Psziloriti és az Ida hegyvonulata.
Ajia Triada (ókori neve nem ismert) Phaisztosz közvetlen közelében fekszik; dél felé szép kilátás nyílik a Messzarai öbölre. A sajátos „L" alaprajzú, a tenger felé „kinyíló" királyi villát olasz régészek tárták fel 1902 és 1914 között. Az épület az új paloták idején állt fenn, majd i. e. 1450 után feltehetően a mükénéi hódítók építették át.
78. Bikaugró akrobata elefántcsont szobra a knósszoszi palotából.
I. e. 1550 körül, Iraklion, Régészeti Múzeum.
79–80. Gurnia romjai.
1901–1904 között H. Boyd a Mirabello-öböl közelében kis mínószi várost ásott ki, amelynek a Gurnia nevet adta. A települést szűk, kövezett utcák szövik át, a kis házak között piactér, szentély és egy kis palota található. A város épületei jórészt az új paloták korából származnak, és 1450 körül pusztultak el.
81–82. Gurniai városrészletek.
83–84. A palota részletei Gurniában.
85. Festett agyagszarkofág szárnyas griff és kettősbárd ábrázolással Palaikasztróból.
I. e. 1400 körül, Iraklion, Régészeti Múzeum.
86. Festett stukkórelief a knósszoszi palota északi bejáratánál levő oszlopcsarnokból.
I. e. 1600 körül, Iraklion, Régészeti Múzeum.
87. Áldozati ajándékok Ajia Triadából: bronz bikaszobrok.
Az új paloták kora (i. e. 1700–1450), Iraklion, Régészeti Múzeum.
88. Bikafej alakú ivóedény a knósszoszi „kis palotából". Szteatit. I. e. 16. század második fele, Iraklion, Régészeti Múzeum.
89–90. Kígyós „istennők" a knósszoszi palota szentélyéből.
Fajansz. I. e. 1600 körül, Iraklion, Régészeti Múzeum.
91. Új kőkori agyagidol Knósszoszból.
I. e. 4. évezred, Iraklion, Régészeti Múzeum.
92. Knósszoszi festett váza részlete.
I. e. 15. század, Iraklion, Régészeti Múzeum.
93. Kultikus rendeltetésű festett váza Pszirából.
I. e. 1550 körül, Iraklion, Régészeti Múzeum.
94. Palotastílusú amfora Knósszoszból.
I. e. 15. század második fele, Iraklion, Régészeti Múzeum.
95. Kettősbárdok (labrüszok) egy knósszoszi vázáról (l. 58. képet is).

## MÜKÉNÉ

96–98. Argoliszi táj.
99. A mükénéi fellegvár látképe.
A fellegvár egy mintegy 40–50 méter magas dombon emelkedik, két meredek hegytől, az Ajiosz Íliasztól és Zarától övezve. Az utóbbiaktól mély vízmosások választják el, a természetes feljáró a nyugati oldalról adódik. A lelőhelyet 18. századi utazók azonosították. Feltárását Schliemann kezdte meg 1874-ben, majd görög és angol régészek folytatták. Az ásatások ma is folynak. Mükéné legkorábbi jelentős emlékei a középső bronzkor végéről és a késő bronzkor vagy mükénéi kor elejéről származnak (A és B sírkerület). Az i. e. 15–13. században emelték a tholosz-sírokat, a fellegvár erődítményeit és épületeit pedig az i. e. 14–13. században.
100–101. Kilátás a fellegvárból.

102. Az északi védőfal Mükénében.
103–105. Küklópikus falrészletek Mükénében.
106. A föld alatti forráshoz vezető lejárat.
107. Hajnali napsugár a fellegváron.
108. A várhegy alkonyatkor.
109. Lakóépületek és a palota terasza Mükénében.
110–111. A várhegy az argoliszi hegyek között.
112–114. Alkony a küklopsz falak között.
115. Stilizált növényi motívumokkal díszített festett amfora.
I. e. 15. század második fele, Athén, Nemzeti Régészeti Múzeum. Az Argoszban feltárt váza a Knószszoszban i. e. 1450 körül, az akháj hódítás idején kialakult ún. palotastílus jellegzetes szárazföldi képviselője.
116. Az Oroszlán-kapu.
I. e. 13. század közepe.
117. Az A sírkerületet határoló kőkerítés maradványai Mükénében.
118. Napnyugta Mükénében.
119. Dísztőrök az A sírkerületből, a IV–V. aknasírból, Bronzból, arany, ezüst és nielló berakással. I. e. 16. század közepe körül, Athén, Nemzeti Régészeti Múzeum.
120. Festett stukkó női fej, eredetileg talán szfinx-szoborhoz tartozott.
I. e. 14–13. század, Athén, Nemzeti Régészeti Múzeum.
121. Mükéné egyik fejedelmének arany halotti maszkja, az ún. Agamemnón-maszk az A sírkerület V. sírjából.
I. e. 16. század közepe, Athén Nemzeti Régészeti Múzeum.
122. Sziklák a várfal alatt.
123. A fellegvár vészkijárata Mükénében.
124. Az Oroszlán-kapu.
125. Kilátás a várkapuból.
126. Az Oroszlán-kapu domborműve.
127–129. Az A sírkerület, i. e. 16. század.
A Schliemann által felfedezett és kiásott fejedelmi temetkezőhelyet az i. e. 13. század közepén a fellegvár erődítményeinek megnagyobbításával bevonták a védhető területbe.
130. Az A sírkerület részlete az aknasírokkal.
131–133. A várhegy északi oldala.
134. A „harcos-váza” Mükénéből.
I. e. 1200 körül, Athén, Nemzeti Régészeti Múzeum.
135. Lejárat a vár föld alatti forrásához.
136–137. Az ún. Klütaimnésztra sír Mükénében. A mükénéi építészet kiemelkedő alkotása. Az álkupola felül kiegészítve. I. e. 13. század.
138. Küklópikus kövek.
139. Bikafej formájú ivóedény az A sírkerület IV. sírjából.
Ezüst és arany. I. e. 16. század közepe körül, Athén Nemzeti Régészeti Múzeum
140–141. Álboltozatos folyosó Tirünszben.
A tirünszi vár mintegy 1,5 kilométerre az Argoliszi öböltől egy magányosan álló, kb. 18 méter magas sziklás kiemelkedésen épült. Feltárását 1876-ban Schliemann kezdte el, majd később Dörpfelddel folytatta. Az ásatásokat ma az athéni Német Régészeti Intézet végzi. A lelőhely a neolitikum óta lakott, a kora bronzkorban már jelentős építmények álltak itt. A ma látható küklópikus falrendszer és a palota az i. e. 13. századból származik. Az álboltozatos folyosó, az ún. galéria a mükénéi építészet leghíresebb emlékei közé tartozik. Rendeltetése bizonytalan, lehet, hogy raktárként használták.

## TRÓJA

142. A trójai ásatás látképe.
A Dardanellák közelében fekvő Hiszarlik nevű dombon 1870-től Schliemann ásta ki és azonosította

Trója maradványait. A munkát W. Dörpfeld folytatta, majd C. W. Blegen korrigálta az elődök eredményeit. Az első, fallal körülvett település az i. e. 3. évezred elején épült, majd a II. város a kora bronzkor egyik igen jelentős települése lett. (Ennek romjai között került elő az ún. Priamosz-kincs.) A kevésbé jelentős III., IV. és V. város után Trója VI i. e. 1800 körül épült fel; területileg jelentősen felülmúlta a korábbiakat. A települést i. e. 1300 körül földrengés pusztította el, majd újjáépült. Az utóbbi, az ún. Trója VIIA, amely az i. e. 13. század közepén ostromnak esett áldozatul, a homéroszi Trójával azonosítható. Az i. e. 12. században thrákok telepedtek meg a területen. Később igen jelentős hellénisztikus, majd római város épült Trójában.

143. A Schliemann és Dörpfeld által meghagyott „tanúfal" Trója II maradványai mellett.

144. Trója II: feljáró a délnyugati kapuhoz.
I. e. 2300 körül.

145. Domb Trójában.

146. Trója VI. városának déli kapuja.
I. e. 1400 körül.

147. A VI. város keleti kapujához vezető út.
I. e. 1800–1400 körül.

148–149. Trója VI: a „pillér-ház" és az erődítmény részlete.
I. e. 1400 körül.

150. Hellénisztikus áldozóhely Trójában.

151. Római kori városfal Trójában.

152. Bizánci épületelem Trójában.

153. A római kori Trója tanácsházának (buleutérion) maradványa.

154. Trója római kori színháza.

155. Kora bronzkori agyagedény Trójából.
I. e. 3. évezred második fele, Berlin, Pergamon Múzeum.

156. Tárolóedény (pithosz) töredéke Trójából.
I. e. 2. évezred eleje, Berlin, Pergamon Múzeum.

157. Bronzleletek a kora bronzkori Trójából.
I. e. 3. évezred második fele – 2. évezred eleje, Berlin, Pergamon Múzeum.

158. Bronzfegyverek maradványai Trójából.
I. e. 3. évezred második fele – 2. évezred eleje, Berlin, Pergamon Múzeum.

159. Trója II legjellegzetesebb edényformája, a depasz amphiküpellon.
I. e. 2500–2200 körül, Berlin, Pergamon Múzeum.

160. Bronzsarló Trója VI. városából.
I. e. 1800–1300, Berlin, Pergamon Múzeum.

161. Kora bronzkori kancsó Trójából.
I. e. 3. évezred vége, Berlin, Pergamon Múzeum.

162. Edénytöredék Trója III-ból.
I. e. 3. évezred vége, Berlin, Pergamon Múzeum.

163. A Dardanellák.

Felelős kiadó: dr. Seres László igazgató
Szedte a Nyomdaipari Fényszedő Üzem (799262/80)
1799-Révai Nyomda, Budapest
Felelős vezető: Bede István igazgató
Főszerkesztő: Pásztói Margit
Felelős szerkesztő: Philipp Clarisse
Műszaki vezető: Szedlák György
Műszaki szerkesztő: Kenoszt István
Készült az MSZ 5601–54 és 5602–55 szabvány szerint, A/4 alakban,
25 (A/5) ív terjedelemben, 18 000 példányban.
KA–386–k–8084